Anonymous

Geschichte eines Apothekers

oder einige entdeckte Betrügereien vieler Apotheker

Anonymous

Geschichte eines Apothekers
oder einige entdeckte Betrügereien vieler Apotheker

ISBN/EAN: 9783743685642

Hergestellt in Europa, USA, Kanada, Australien, Japan

Cover: Foto ©ninafisch / pixelio.de

Weitere Bücher finden Sie auf **www.hansebooks.com**

Geschichte

eines

Apothekers

oder

einige entdekte und zu entdekende Betrügereyen vieler Apotheker

ein Beytrag

Aerzte und Polizey zur Aufmerksamkeit zu reizen.

———

———

Frankfurt und Leipzig,
1791.

Pharmacopaeus non debet effe puer, nec valde juvenis, neque fuperbus, pompofus, aut mulieribus et vanitatibus deditus, a ludo etiam et vino fit alienus, et fobrius, non intendens crapulis et conviviis vacare; fed fit ftudiofus, follicitus, placabilis et honeftus, timens Deum, et confcientiam fuam, fit reftus, juftus, pius, et maxime ad Pauperes. Sit etiam *bene doftus et expertus in arte fua.* Non novellus, et rudis, quia habet traftare de vita hominum. Non fit cupidus, nec avarus, nec extremus amator pecuniae, ne videatur omnia pro pecuniis facere, ut avari faciunt. Non etiam vendat res chariori pretio quam competenti: quia melius eft modicum jufte, quam multum cum maledictione a pauperibus extorquere. Phar-

maco-

macopaeus etiam ex fe ipfo fine licentia, et confilio periti Doctoris non praefumat aliquid facere et maxime in medicinis laxativis nihil eis addendo. Res etiam antiquatas et refolutas in virtute abiiciat, quia jam de cetero non valent ad opus medicinae. Quando etiam non habet aliquod fimplex in pharmacopolio, et Medicus indigeat eo in aliqua recepta, non debet Pharmacopaeus praefumere loco illius, aliud fimplex ponere: fcilicet ponendo quid pro quo, fine licentia peritiffimi Doctoris &c.

———————

Einleitung.

Man wird sogleich aus dem Nachsaze
des Titels schliesen können, daß man
hier nicht bloß die Geschichte eines Apothekers erhält; die nur das wenigste dieses
Schriftchens ausmacht, und sich fast nur
bis zur Aufnahme des Verfassers in die
Lehre, erstreckt. Denn da denjenigen Personen, für welche dieses Büchelchen zunächst
bestimmt ist, weniger mit Lebensbeschrei-
bung, als mit Aufdeckung der Betrügereyen
mehrerer Apotheker, gedient seyn kann und
wird, so ließ ich auch meine Geschichte nur
bis zu meiner Lehre gehen, welche ich deswegen etwas genau beschrieben, weil es
mit der Aufnahme und Lehre der meisten
Apothekerjungen, gerade so hergeht. Daß
ich aber den Titel Geschichte, u. s. w. ge-
wählt, geschahe deswegen, daß auch andere
Personen, als die auf dem Titel genannten,
gereizt werden sollen, sich von den Betrügereyen der mehrsten Apotheker zu überzeugen, und davor hüten zu können; und so
denke ich, wird man den Gesichtspunkt haben, aus welchem man dies Büchelchen zu
betrachten hat.

A 3   Ich

Ich wurde am Ende des siebenjährigen
Krieges, in einer mittelmäßigen Reichsstadt
gebohren. Mein Vater, welcher einige Klassen des dortigen, lange Zeit wegen vieler
vortreflichen Lehrer, berühmten Gymnasii
durchgelaufen war, brachte mich auch schon
in meinem vierten Jahre in die Schule. Ob
ich nun gleich sonst keinen, als Schulun-
terricht genoß, so brachte mich doch mein
Eifer und Ambition so weit, daß ich in
meinem zwölften Jahre Primaner, oder in
der obersten der 5 Klassen des Gymnasii
war. Meine Lehrer bemerkten Lust zum stu-
dieren bey mir, und unterhielten sie, aber
meine Eltern dachten anders. Es wurde daher unter ihnen konzertirt, daß ich die Handlung bey meiner Mutter Bruder, welcher
eine Material-Handlung hatte, erlernen sollte. Da sich nun öfters Handelsleute aus
dortiger Gegend bey meinen Eltern aufhiel-
ten, so schlugen mir diese vor, in jener Gesellschaft einmal eine Reise zu meinem Onkle
zu machen, um ihn zu besuchen Ich hatte
nichts darwider einzuwenden, vielmehr war
mir eine solche Reise, ob sie gleich zu Fuß
vollbracht werden mußte, angenehm. Zu Ende des Märzmonats .775. gieng die Reise
auch würklich vor sich, und ich kam glücklich bey meinem Onkle an, gab meine Brie-
fe ab, und wurde gut aufgenommen, so
daß

daß ich den Gedanken selbst bekam, hier zu
bleiben und die Handlung zu erlernen. Aber
weder meiner Eltern Wille, noch meine Lust
zur Handlung konnte befriedigt werden, indem mein Hochzuehrender Herr Taufpath,
der auch eine Schwester meines Onkles,
und ebenfalls einen Sohn hatte, welcher
hier die Handlung erlernen sollte, schon kurz
zuvor, ehe ich ankam, den Platz für seinen
Sohn eingenommen, und mich auf alle mögliche Art verunglimpft hatte.

So wenig mir nun mein Vetter die
Handlung lernen wollte, eben so wenig wollte er mich meinen Eltern zurück schicken,
ohne vorher etwas von mir zu profitiren.
Er hatte nemlich bey einem halbverdorbenen
Apotheker, eine ziemliche Summe einzuneh-
men, und diese suchte er durch mich zu erhalten, indem er mich dahin in die Lehre
zu bringen suchte, weil er glaubte, daß
es meinen Eltern gleichviel seyn könnte, ob
ich Kaufmann oder Apotheker würde. Ehe
mir aber gesagt wurde, was noch aus mir
werden sollte, wurde zum Schein eine Lust-
reise, zu gedachtem Apotheker angestellt.
Man wurde daselbst aufs beste empfangen,
blieb über Nacht, und ich wurde treflich ka-
reßirt. Während der Nachhausereise erfuhr
ich erst die Absicht dieses Besuchs, indem
ich gefragt wurde, ob ich wohl Lust hätte,

Apo-

Apotheker zu werden, und ob es mir bey
dem Apotheker gefallen hätte? Meine Ant-
wort war, da ich wußte daß aus Erlernung
der Handlung nichts werden konnte, ziemlich
bejahend, nur wurde die Einwilligung meiner Eltern entgegengesetzt, und auch, ob mich
wohl der Herr, wo wir gewesen, in die Lehre nehmen würde? Mein Vetter sagte mir hierauf, daß er es auf sich nehmen wollte, beede Theile zur Einwilligung zu bringen, wenn
ich anders Lust hätte, Apotheker zu werden.
Jung und unbedachtsam war ich, ich sagte also
zu allem ja, da ich überdieß sah, wie gern
es gesehen würde, wenn ich Folge leistete.

Mein Onkel hielt auch treulich Wort,
denn ehe 14 Tage vergiengen, war ich mit
Haut und Haar Apothekerjunge, und zwar
gieng es mit meiner Reception folgender
Art zu. Mein Vetter hatte nemlich mit
meinem künftigen Lehrer, um mich und mein
Lehrgeld ausgehandelt; um aber doch den
Schein zu haben, als wenn es ihm etwas
Mühe machte, mich unterzubringen, so fuh-
ren wir wieder mit einander dahin, und
mein Vetter sagte gleich beym Eintritt ins
Haus des Apothekers, zu demselben, er
möchte es nicht übel nehmen, daß er schon
wieder komme, es hätte aber seinem hier
auch wieder gegenwärtigen Vetter, das letz-
temal so wohl hier gefallen, daß er sich ent-
schlos-

schloſſen hätte, hier die Apothekerkunſt zu
erlernen, wenn anders Herr K. — die Ge-
wogenheit haben, und ihn als Lehrling auf-
nehmen mögte. Der Apotheker machte der
Schwierigkeiten viele, endlich aber ſagte er
doch, um H. M. meinen Vetter gefällig zu
ſeyn, wollte er mich annehmen; aber ich
müßte fünf Jahre bey ihm aushalten, und
meine Eltern ſollten 100 Thl. Lehr - und
10 Thl. Bettgeld bezahlen. Dieß dünkte mir
gewaltig viel verlangt, ich ſagte auch meinem
Vetter gerade zu, daß ich mich nie entſchlie-
ſen würde, auf ſolche Conditionen, die Apothekerkunſt zu erlernen. Nun gieng das
Handeln um mich und mein Geld an. Dieſes wurde für alles auf 80 Thl. geſetzt, und
ich ſollte 4 Jahre als Lehrling aushalten,
wozu ich noch ſetzte, daß ich mir 14 Tage,
als Probezeit ausbäte, für die ich, wenn
mir's dann nicht gefiele, das Koſtgeld bezahlen wollte. Nach vielen Debatten wurde mir
dieſe Bedinguiß auch zugeſtanden; und nach
Tiſche, fuhr mein Onkel davon, ohne daß
ich ihn jemals wieder ſah, und ohne daß er
ſich ferner um mein Schickſal bekümmerte.

Ich kan mich hier nicht enthalten, eine
Digreßion über die An - oder Aufnahme jun-
ger Menſchen zur Apothekerkunſt, zu machen. Denn es iſt ganz ſicher, daß nichts
als die Lehre und der erſte Lehrer Schuld hat,

daß

daß es noch so viele ungeschickte Apotheker
und Apotheker-Gesellen giebt. Gerade so
wie ich, werden nemlich die meisten Lehrlinge angenommen; das heist, man untersucht
nie ihre Fähigkeiten, ob sie auch im Stande
sind, künftig nüzliche Glieder des Staats zu
werden, nie ob sie Mensa dekliniren können,
nie ob sie lesen oder schreiben können. Selten
wird auch nur eine Probezeit gesezt, in welcher man doch sehen könnte, ob der junge
Mensch Fähigkeit genug habe, dieser Wis-
senschaftlichen Kunst in Zukunft nüzlich vor-
zustehen; und läßt man auch eine Probezeit
vorangehen, so ist dieses doch meistens gewöhnlich, daß der Lehrer am Ende derselben, zumal wenn starkes Lehrgeld bezahlt werden
soll, den Angehörigen des Lehrlings versi-
chert, daß gewiß etwas aus diesem werden
würde, indem er sich vollkommen fähig dazu zeigte; wenn gleich nicht die mindeste Un-
tersuchung der Fähigkeiten wegen, mit ihm
vorgenommen worden, und er öfters der
größte Dummkopf seyn kann. Es wird vielmehr größtentheils nur darauf gesehen; wie
viel man Lehrgeld ziehen kann, oder ist dieses nicht, wie lange man den jungen Menschen behalten kann, und daß anfangs eine
Magd und Stößer oder Auslaufer, und
nach etlichen Jahren auch ein Geselle er-
spahrt werden könne. Wie viel Gutes könnte

te also nicht gestiftet werden, wenn jede
Orts-Obrigkeit, jeder Physikus oder jedes
Kollegium der Aerzte, nicht so gleichgültig bey
der Annahme der Apotheker-Lehrlinge wäre,
und wenn dem Apotheker nicht so freye
Macht gelassen würde! — Auserdem, daß
durch das willkührliche Verfahren der Apotheker in diesem Falle, die Welt mit so vielen ungeschickten Leuten überschwemmt wird,
trifft auch die Vorgesetzten der Apotheker,
die Verantwortung mit, wenn solche ungeschickte Leute Unglücke anrichten: und wie
viele Gelegenheit und Mittel haben solche
Leute nicht um und neben sich, ihrem Publiko
auch unabsichtlich zu schaden? Wie glücklich
könnte es daher nicht vermieden werden, daß
ungeschickte Apotheker erzogen würden, wenn
jedes Orts darauf gesehen würde, daß kein
Apotheker einen andern jungen Menschen lernen dürfte als den, der sich vollkommen fähig
dazu zeigte; und daß kein Apotheker einen
jungen Menschen lernen dürfte, der nicht
alle Fähigkeiten und Gedult eines Lehrers be-
säße, denn nur gar zu oft fehlt es letztern,
an allen hiezu gehörigen Erfordernißen, und
das beste Genie wird oft durch einen solchen
Mann verdorben. Wie leicht könnte diesem
allen nicht abgeholfen werden; wenn 1) einem Manne ohne Lehrers Fähigkeiten kein
Lehrling zugelaßen, und 2) wenn jeder Lehrling

ling vor der Aufnahme, strenge geprüfet
wurde; wem dieses Geschäfte aber gebührt,
habe ich wohl nicht nöthig, erst zu sagen.

Ich war nun mit Haut und Haar Apothekerjunge, hatte es auch, so lange meine
bedingte Probezeit währte, sehr gut, und
durfte nichts thun, als in der Leipziger
Taxe lesen, um mich mit Nomenklatur und
Preiß der Waare bekannt zu machen. Nichts
verdroß mich aber mehr, als daß ich geduzt
wurde; wie jeder andre Handwerksjunge.
(Wäre es nicht beßer wenn man die Apotheker-Lehrlinge mit dem Wörtchen Er beehrte,
und sie so doch in etwas über das Hand-
werksmäßige erhübe?) Sobald aber meine
Probezeit vorbey war, wurde ich inne, daß
ich im eigentlichen Verstande Lehrling war,
denn nun war keine Arbeit zu niedrig und
zu schwer, die ich nicht verrichten mußte. Dabey gab es schmale Bissen zu essen, und
Kovent oder Wasser zu trinken, und statt
daß ich zeither am Tische mit aß, mußte
ich jezt in der Küche essen, was übrig blieb,
und statt, daß ich sonst früh Kaffee bekam,
durfte ich jetzt den Staub vom grünen
Thee, oder von den Holz-Spezien, und
zwar ohne Zukker, trinken, damit sich kein
Schleim im Körper sammeln sollte. Statt
aller Unterweisung aber, wurde mir oben-
besagte Taxe und das Würtemberger Di-
spen-

spensatorium zum lesen gegeben, ohne mich
aber jemals zu fragen, ob und was ich ge-
lesen oder gelernt hätte, so wenig mir auch
etwas erklärt wurde, wenn ich fragte. Von
vielen meiner Bekannten hörte ich, was
das letzte betrift, die nemliche Klage, und
es ist sehr glaublich daß es sehr vielen so
geht und gegangen ist; denn wie schon oben
gesagt worden ist, so werden sehr viele Lehrlinge nur deswegen angenommen, um Mägde und Stößer zu erspahren, und man bekümmert sich übrigens nichts darum, ob
diese bedauernswürdigen jungen Leute etwas
lernen oder nicht. Gemeiniglich können sie auch
nicht wohl etwas lernen, indem sie die nicht
gehörigen Arbeiten verhindern, bey phar-
maceptischen oder chemischen Arbeiten zuzu-
sehen oder etwas passendes über ihre Kunst
zu lesen. Und giebt es denn auch wohl viele
Apotheker, welche mehr wissen als was sie
mechanisch gelernt haben? nemlich ein Re-
cept machen, ein Wasser und liquor anody-
nus destilliren und zur Noth ein Pflaster
machen? Wie kann man verlangen, daß sie ihren Lehrlingen was beybringen sollen? So
fehlt es ihnen auch meistens an guten Büchern, und haben sie Bücher, so lesen sie sie
nicht, und können auch wohl gar nicht leiden,
daß ihre Lehrlinge lesen. Sie glauben man
könnte, was einer als Apotheker brauchte,
auch)

auch ohne Anweisung lernen, und behandeln
ihre Leute, wie sie behandelt wurden. Was
kann da wohl herauskommen? — So schlimm
ich's auch hatte, so hatte ich doch einigen
Trost darinn, daß mich meine Nachbarsleu-
te nicht verhungern ließen und daß mir der
Gesell, der da war, so viel Unterricht gab,
als in seinen Kräften stand, die aber freylich nicht groß waren. Er kam nemlich selbst
erst aus der Lehre, hatte es sehr hart gehabt,
vergalt aber nicht wieder, wie ihm gelohnt
worden war, wie es so viele Apotheker-Gesellen machen, die es den Lehrlingen auf alle
mögliche Art fühlen lassen, daß sie ihre Lehr-
zeit überstanden haben, ob sie gleich noch
dumme Jungen sind. Sehen diese Pursche
nun vollends, daß der Lehrherr sich wenig um
seinen Zögling bekümmert, so wird der junge Mensch geschoren und geplagt, so viel man
nur kann. Es werden ihm alle Handgriffe
verschwiegen, er darf nichts thun, als etwa
Feuer schüren, und macht der Geselle einen
Fehler, so muß es der Junge gethan haben,
u. s. w. Dieser aber suchte mir mein Schick-
sal so viel als ihm möglich war, zu erleich-
tern; er war sehr fleißig, las aber nichts
als Neumannen, welchen er Verbotenus ab-
geschrieben hatte.

Da es aber bey Hrn. K. als meinem
Lehrer nicht auszuhalten war, so gieng auch
dieser

dieser gute Mann im ersten Vierteljahre wieder ab. Ich war nun alleine, hatte Apotheke
und Gewürzkram zu versehen, und muſte oft
drey bis vier Wochen lang Mägdedienſte mit
versehen, da keine über sechs Wochen lang
blieb. Die Rezeptur bedeutete wohl nicht viel,
da anfangs zwey Jahre lang kein Medikus
im Ort, und doch zwey Apotheken da waren, deſto mehr Arbeit aber gabs mit dem
Zuffer und Kaffekram, und mit Verferti-
gung von Arzneyen an Arzneyhändler. Um
alles dieſ bekümmerte sich Hr. K. nicht viel,
(denn er war täglich vom Morgen an besoffen,) sondern überließ mirs unerfahrnen Jungen. Es konnte dann nicht fehlen, daſ man-
che Arbeit mißglückte, wo ich dann richtig,
eine tüchtige Tracht Prügel erhielt, und den
Schaden obendrein erſezen muſte. Denn so
sollte ich gleich im erſten halben Jahr das
Bleyweißpflaſter kochen, wo ich nach allen
Fragen wie? ans Dispensatorium gewiesen
wurde. In der Angſt lief ich heimlich in die
andere Apotheke, um mich da Raths zu erho-
len, (wo ich überhaupt sehr oft mit Rath und
Büchern, jedoch heimlich, unterſtüzt wurde;
so daſ ich bloß des Nachts, mit erbettelten Lich-
tern, denn Geld welche zu kaufen ließ man mir
nicht, lesen und lernen mußte) aber ich war
schon so ängſtlich, daſ mir, troz der gesagten Handgriffe, das Pflaſter verbrannte.
Die

Die Folge davon kann man sich einbilden. Auf
diese Arbeit folgte kurz nachher die Bereitung
des Mineralischen Turbits, Hofmanns Li-
quoris anodyni, versüßten Salpetergeistes und
dergl. Ersteres wurde aus Quecksilbersub-
limat und Vitrioloel gefertigt, wo mich mein
Lehrer in der Besoffenheit nöthigte, während
die Mischung im offenen Kolben kochte, die
Nase drüber zu halten, welches mir beynahe
das Leben gekostet hätte, so wie er mir auch
einmal Gesicht und Haare verbrannte, und
sich dabey halb krank lachen wollte. Als nemlich einst höchstrectifizirter Weingeist nochmals über Pottasche abgezogen wurde, so
sagte er, ich sollte nach geendigter D.stilla-
tion in die geöfnete Blase riechen, ob noch,
wie er vermuthete, Geist zurück wäre. Da
ich's nun that, so warf er neben mir bren-
nendes Papier hinein, welches eine plötzliche
Entzündung, und mich dadurch ohnmächtig
und halb verbrannt machte. Solcher dum-
men Späße gab es nun noch viele, die er
als Intermezzo betrachtete, wenn er mich
nicht prügeln wollte; und letzteres geschahe
fast täglich, und ganz ohne Ursache, wenn
er besoffen war. Je länger ich da war,
je ärger wurde es; zumal da mein sauberer
Onkel, das Lehrgeld für seine Forderung
eingestrichen, und ganz mit meinem Herrn
gebrochen hatte. Meine Arbeit häufte sich
auch

auch noch dadurch, daß lezterer ein Pferd
zu schanden geritten, und es behalten mußte. Ich war nun Apothekerjunge, Krämers-
junge, Hausmagd, Kindsmagd, Koch,
Kräutersammler, Pferde-Knecht, und Geld-
Mäckler, wenn die Kaufleute kamen, und
foderten, denn da mußte ich offt 6 — 8
Stunden weit zu Freunden und Bekannten,
um Geld zu borgen, und brachte ich dann
keines, so regnete es Prügel ohne Zahl.
Dabey durfte ich Sommer und Winter kaum
die Stube betreten, erfror Hände und
Füsse, und sollte doch dabey nicht sauer sehen; lernen konnte ich auch nichts; denn
mein Lehrer wußte selbst nicht viel, und, um
die Wahrheit davon zu erweisen, werden
folgende zwey Beyspiele hinreichen:

Das einemal wollte er Pottasche durch
kalziniren äzend machen, legte also die Stücke zwischen Kohlen, und machte stark Feuer,
die Pottasche floß daher durch die Hize, und
lief in das Aschen-Behältnis des Windofens.
Als er sie nun äzend nach Erlöschung des
Feuers herausnehmen wollte, siehe da war
nichts, er glaubte also steif und fest, es müßte keine rothe Pottasche gewesen, und selbige
verflüchtigt worden seyn. Aber ich wußte es
besser, denn indem ich das Feuer unterhielt,
bemerkte ich wohl, daß die Stücke kleiner
wurden, aber nicht vom verflüchtigen, son-

B   dern

dern vom abfliesen. Als nun mein würdiger
Lehrer ausdemonstrirt hatte, so sagte ich, die
Pottasche wäre nicht verflüchtigt, sondern
sie wäre zwischen den Stäben abgestoßen,
er sollte nur im Aschenbehältniße nachsehen,
da würde er sie finden. Da ich nun noch
obendrein sagte, ich hätte gehört, man calzi-
nirte die Pottasche nicht unmittelbar zwischen
den Kohlen, sondern in Gefäßen, so erhielt
ich erstlich für das, daß ich meinen Herrn
einen Bock schiesen ließ, und dann dafür, daß
ich so naseweiß war, und es besser wissen wollte, wie man Pottasche calzinirt, eine tüchtige
Tracht Prügel.

Das anderemahl wollte er eine recht schöne
Spießglanz-Tinktur bereiten, und hatte
vorher einen Lerm davon, als wenn gewiß
keine von dergleichen Farbe und Güte exi-
stirte. Er machte die Verrichtung dazu ganz
geheim; doch sahe ich, daß es nichts mehr
und nichts weniger, als ein mit etwas
Schlacken vermischter Spießglanzkönig war,
als er die Masse pulverte. Die Digestion
begann nun, dauerte 8. 12. bis 14 Tage,
und der Weingeist wurde nur gelb. Der Ton
fiel, und Entschuldigungen huben an; es
wurde Weinsteinsalz zugesetzt, die Farbe blieb
aber wie vorher; man warf Seife hinein, auch
ohne Würkung; ehe ich mich's aber versahe,
war eine herrlich gefärbte Tinktur da. Nun
wurde

wurbe triumphirt! Ich staunte, aber nur so
lange, bis ich alles genau erforschte; da fand
ich denn etwas verstreutes rothes Pulver.
Ich sammelte es sorgfältig, trug es heimlich in
die andre Apotheke, und fragte, was es wäre, aber ohne zu sagen warum, hörte meine Vermuthung, daß es Sandel sey bestät-
tigt, und wuste nun wie man eine schön gefärbte Spießglanz-Tinktur machen kann.
Ich konnte meine Freude nicht sogut verber-
gen, als daß sie mein Herr nicht gemerkt hätte. Ich wußte die Entstehung der Farbe seiner Tinktur und wurde zwar deswegen nicht
geprügelt, aber dieses Tractament kam mir
doch immer häufig genug. Ich faßte also,
der vielen mir nicht gehörigen Arbeit, und
des Hungers wegen, wirklich im dritten
Jahre meines Hierseyns den Entschluß,
durchzugehen, und setzte ihn auch kurz darauf ins Werk.

Nachdem ich ungefähr sechs Wochen wieder zu Hause war, erhielt ich durch Vermit-
telung guter Freunde, eine Stelle als Geselle,
in einem kleinen Städtchen. Ich traf hier
wohl einen guten Mann, aber weder geschick-
ten Apotheker noch Chemisten an; welches
auch schon aus seiner Bibliothek zu schließen
war, die aus dem Würtemberger Dispensatorium, Schulzens Apotheker-Katechismus,
und Woyts Arzney-Schaz bestand, wozu

noch

noch das Blackwellische Kräuterwerk zu zäh-
len war, welches aber fest in einem Schrank
verschloßen, mir in anderthalb Jahren, nur
einmal sichtbar war. Dagegen war aber auch
ein, für den Apotheker sehr vortheilhaft ver-
faßtes geschriebenes Dispensatorium da, nach
welchem alle Zusammensezungen gemacht werden mußten, die dann auch gewöhnlich so
ausfielen, daß die Abnehmer gewiß sich vor
keiner heftigen Würkung fürchten durften.

Man trift dergleichen geschriebene Apo-
theker-Bücher, oder wie sie auch geheißen werden Manuale, fast in allen Apotheken an.
Bey ihrer Entstehung mag eine gute Absicht
vorgewaltet haben; denn vermuthlich waren
es Anfangs nur von Aerzten angegebne Kompositionen, oder solche, die nicht in der gewöhnlich angewiesenen Pharmakopie befindlich waren, und doch verlanget wurden. Diese
schrieb man nun zusammen in ein Buch;
aber man fand, daß Medikamente, die sonst
nach dem gewöhnlichen Apothekerbuche richtig bereitet wurden, vortheilhafter, das heißt
mit mehrerm Profit und bequemer konnten
bereitet werden, wenn man dieß oder jenes
Stück wegliese, oder ein schlechteres dafür
nähme. Der Versuch gelang, flugs wurde die
neue Erfindung in ein Buch geschrieben, damit man das zweytemal nicht fehlen möchte.
So arteten denn die Manuale aus, wurden
Samm-

Sammlungen verstümmelter Kompositionen,
und die Apotheken Behältnisse derselben.
Es ist sogar vielen eine bekannte Sache, daß
in einer großen Stadt, in der die Apotheker
auf ihr altes hundertjähriges Dispensatorium
angewiesen sind, in dem jedoch die meisten der
jezt gebräuchlichen Medikamente sich nicht
befinden und auch nicht befinden können,
die sämmtlichen Apotheker zusammen getre-
ten sind, und sich ein Apothekerbuch zusammen getragen haben, welches sehr zu ihrem,
aber nicht zu der Patienten Vortheil einge-
richtet ist. Es ist daher übrigens nicht zu
wundern, wenn ein aus verschiedenen Kom-
positis bestehendes Rezept, in zweyerley Apotheken gemacht, verschieden an Farbe, Geschmack und Würkung ausfällt, denn wie
gesagt, jeder hat seine eigene Bereitungs-
weise, und folglich —. Es ist freylich schwer,
wenn ein Arzt nun erkennen soll, ob die Kom-
position richtig oder verstümmelt bereitet
worden ist; und es kan nicht anders geschehen, als er bereite das zu untersuchende Mittel selbst, und halte es gegen das vom Apotheker. Wie können aber diese schädlichen
Manuale abgeschaft werden? Diese Frage
zu beantworten ist schwer, denn auf alle
Fälle bleiben dem Apotheker noch unzählige
Schleichwege offen, wenn er betrügen will,
neswegen ich mir die Frage nicht gehörig zu
beantworten getraue.

B 3   Ob

Ob ſich nun ſchon die Apotheker durch
ihre Hand-Dispenſatorien Vortheil genug
ſchaffen können, ſo bleibt es doch nicht dabey, ſondern das Mundus vult decipi, muß,
wo es ſich nur anbringen läßt, angewendet
werden. Ich mache mir daher ein angeneh-
mes Geſchäfte daraus, jedermann vorſichtig zu
machen, und zu erzälen, wie mancherley Betrügereyen ich auf meinen Wanderungen ge-
ſehen, und wie ſie entdeckt werden können.
Hier fielen mir vorzüglich folgende auf.

Es waren nemlich zu den präparirten Krebsaugen zwey Büchſen vorhanden, in der einen
waren ächte Krebsaugen in der andern aber
gebrannte und präparirte Auſterſchalen befindlich. Jene waren da, um allenfalls den
daſigen Phyſikus zu bedienen, dieſe aber
wurden allgemein, zuweilen aber auch zur
Hälfte mit Krebsaugen vermiſcht, verkauft
und zur Rezeptur verwendet. Sind die
Krebsaugen unvermiſcht, ſo ſind ſie ſpeziſiſch
leichter als Auſterſchalen, und ein beſtimm-
tes Gewicht nimmt daher von jenen einen
gröſern Raum ein als von dieſen, und dann
ſind jene vollkommen und leicht, dieſe aber
weniger vollkommen und weit ſchwerer in
Salpeterſäure aufzulöſen.

Da der daſige Phyſikus ſehr viele China-
bekochte, und zwar mit Weinſteinſalz verord-
nete, ſo ließ ſich hiebey auf mancherley Art
ein

ein guter Profit machen. Dieß geschahe nun so, daß man die schlechteste, holzigte, dicke, braunrothe China nahm, derselben über dieß Klatschrosenblumen zusetzte, dagegen aber auch nur die Hälfte des verordneten Gewichts von der Rinde nahm, und dadurch ein Geschmier zubereitete, welches wenigen Geschmack hatte, noch weniger Würkung haben konnte, und doch theuer bezahlt werden mußte. So selten auch jetziger Zeit ein geschickter Arzt das China-Dekoct mit Laugensalz verschreiben wird, so wird es doch nicht überflüßig seyn, wenn ich sage, daß ein solches Dekoct die Farbe der Rhabarber-Tinctur haben muß, wenn des Laugensalzes nicht zu viel dabey ist, wo es sodann ganz schwarzbraun ist. Hingegen muß ein Absud, oder Aufguß von feiner China ohne Laugensalz frisch bereitet, von Farbe hellröthlichtbraun, und milchicht trübe seyn, und dabey vollkommen den Geschmack der China, nemlich einen etwas zusammenziehend bittern haben. Ueberdieß muß die Farbe der feinen China äußerlich schwärzlich mit braun untermengten Streifen, und mit weißgrauen Schimmelartigen Punkten, Flecken und Streifen, inwendig aber lichtbraun seyn. Die Röllchen der Rinde müssen dünn seyn und schließen. Je stärker sie sind, je lichtbrauner sie äußerlich aussehen, und je fasrichter sie brechen,

desto

desto schlechter ist die Rinde. Schon der Geschmack unterscheidet die gute von der schlechten, denn diese ist oft ganz geschmackloß, je stärker sie wird, und je feiner sie wird. Auch ist letztere im Bruche ohne Fasern und hat auf dem Bruche ein glänzendes harzigtes Ansehen.

Sowohl hier, als in meinen verschiedenen andern Conditionen, wurden mit der China verschiedene andere Betrügereyn vorgenommen, ob man gleich an der ächten feinen, Profit genug hätte haben können. Denn statt feine China zu pulvern, wurden an deren Stelle jedesmal zwey Theile der schlechtern und ein Theil mittelfeine dazu genommen, so wie man zu den Defocten nie andere, als ganz schlechte verwendete. Das Kennzeichen dieses Betrugs, ist eine braunröthliche Farbe, ohne das milchigte Aussehen des Defocts der feinen China; das Pulver der feinen China aber, hat die Farbe der ächten dünnen China auf der inwendigen Seite, dagegen das Pulver der schlechtern China um so braunrother aussieht, je schlechter die China dazu genommen wurde, welche Farbe sich auch, je älter das Pulver wird, verdunkelt. Oft hat es auch fast gar keinen Geschmack; woher nun Würkung? Kein Extraft geht an manchen Orten stärker ab als das der China, mit keinem geht aber

aber mehr Betrug vor, als eben auch mit
diesem. An manchem Orte werden alle Re-
sidua der Decocte, sollte auch hiezu die
schlechteste Fieberrinde verwendet worden
seyn, sorgfältig gesammelt, etwas frische
Rinde zugesetzt, welches aber höchst selten
nur die in Fragmenten ist, und 10. — 12
mal tüchtig ausgekocht, die Decocte zusammengegossen, und oft genug werden sie, ohne sie vom Sediment zu sondern, mit diesem hefftig kochend eingeraucht. Ein Extrakt
von schlechter Fieberrinde aber unterscheidet
sich von einem ächten wesentlich darin; 1) hat
dieses Konsistens eine braune, jenes aber eine
schwarze Farbe; 2) wird das gute aufgelößt,
röthlicht und wie das Dekokt von feiner Rinde;
das schlechte aber schwarzbraun, und fast
durchsichtig; 3) läßet dieses Extrackt ziemlich
pulverichtes Wesen fallen, jenes aber nicht
und 4) hat das Extrackt der feinen China, den
Geschmack derselben in einem hohen Grade,
das von schlechter aber, schmeckt kaum anders als bitter, und öfters ist es fast ganz
geschmacklos.

Eine zweyte Bereitungs-Art des China-
Extrakts, die leider noch häufig genug in
den Apotheken vorkommt, ist die mit laugensalz. *) Jeder Vernünftige wird leicht

B 5 ein-

---

*) Eine besondere Art abscheulicher Extractbe-
reitung und Betrügerey kann ich nicht über-
gehen.

einſehen, daß dadurch das Extract dieſer
Rinde, ſo wie ſeine Würkung ganz umgeän-
dert wird, indem die Fieberrinde eine freye
Säure

gehen. Sie rührt von einem Manne her, welcher ſelbſt dabey Hand anlegen mußte, und
der zu rechtſchaffen iſt, als daß er nur das ge-
ringſte Unwahre zugeſezt hätte. Der Fall ge-
ſchah in einer Herzoglichen Reſidenz, und
zwar mit der Kaskarille, welche zur ſelbigen
Zeit ſehr theuer war, und wovon Extract
und Tinktur ſtark abgieng. Es wurden nemlich hiezu 2 Pfund geſtoſſener Kaskarillenrin-
de, in eine Deſtillir-Blaſe gethan, Waſſer
darauf gegoſſen, und davon 6 — 8 Maaß
abdeſtillirt, der Rückſtand aber noch eine Zeit-
lang darin ſtark gekocht und ausgepreßt.
Das Auskochen und Auspreßen wurde nun
noch 6 mal wiederholt, und es war an
dem, daß die Dekokte zuſammengegoſſen
und eingerauchtwerden ſollten, als der
Prinzipal ins Laboratorium kam, den Rückſtand der Rinde verſuchte, noch Geſchmack
darin zu ſeyn glaubte und ſogleich ordinirte,
daß man ſie nochmals, und zwar mit 1 Loth
Pottaſche ſcharf auskochen ſollte. Er achtete
die deswegen gemachten Einwendungen nicht,
und ſagte, er wollte es durchaus ſo haben,
denn er müßte doch beſſer wiſſen, wie das
Ding zu tractiren wäre, und da die Rinde
noch dazu ſehr theuer wäre, ſo müßte er ſich
Nutzen ſchaffen wie er könnte. Es wurde
alſo die Rinde durch ein halbtägiges Kochen
mit Pottaſche, in einem kupfernen Keſſel,
noch ferner torquirt, das Dekoft am Ende

Säure hat, welche dadurch neutralifirt wird.
Da aber alle;eit mehr Laugensal;, (welches
allemal nur Pottafche ist) als zur Neutrali-
firung der Säure in der Rinde hinreichend
ist, zugefetzt wird; welches Theils aus Unwif-
fenheit der Verfertiger geschieht, wie ich
einst würflich erfuhr, da der Herr Apotheker
in allem Ernste sagte, das überflüßige Al-
fali verflöge während dem Kochen, theils aber
auch, um eine größere Maffe vom Extrafte zu
erhalten; so kann es nicht anders kommen,
als daß der Patient, eine ihm oft sehr fchäd-
liche Menge freyes Laugensal;, in den Leib
befommt, welches überdieß mit Vitriolifir-
tem Weinstein, Digestivsal;, und da die Extracte gewöhnlich in Kupfer bereitet werden,

be durch ein nicht zu feines Haarsleb gegof-
fen, und das nicht durchgelaufene noch ausgepreßt. Nun wurde das flüßige, die durchs
Sleb gelaufene Erde der Pottafche, und das
Pulverichte der Rinde, mit dem übrigen De-
fofte gemifcht, und alles mitteinander zu
einem herrlichen Extract eingeraucht, welches dann auch mehr ausmachte, als man
Rinde genommen batte. Noch nicht genug,
der saubere Herr Apotheker wollte von die-
fer Rinde noch mehr Profit ziehen. So aus-
gemergelt felbige auch schon war, so mußte sie doch noch mit 1 Maaß Branntwein
übergoffen, und eine Effen; ausgezogen
werden, die denn auch ganz vortreflich aus-
fiel.

den, alfo auch mit einer nicht unerheblichen Menge Kupfer vermifcht ift.

Ein mit Alkali bereitetes Extrackt, wird fogleich 1) am Gefchmack, der. fcharf falzig ift, erkannt, 2) an der Farbe, welche fchwer ift; 3) an der Konfiftenz, welche bey frifch bereitetem Extrackte, zwar feft, aber rauh und bröcklicht ift, bey ältern Extrakten aber zeigt fich nicht felten, etwas ganz flüßiges auf der Oberfläche, welches gröftentheils zerfloffenes Alkali ift und 4) befchlagen dergleichen Extrackte leicht mit Schimmel.

Auffer der Bereitung des Fieberrinden-Extrackts mit fchlechten Materialien, helfen fich mehrere Apotheker, noch mit fubftituirten andern Extrackten. Einige davon anzuführen, wobey ich felbft Augenzeuge und Helfer feyn mußte, wird nicht überflüßig feyn. So wurde zum Beyfpiel bey einem meiner ehemaligen Gebieter, zwar ein Büchschen mit China-Extrackt, von der nicht ganz fchlechten Sorte, beftändig vorräthig gehalten, damit er erforderlichen Falles vorgewiefen werden konnte; verbraucht wurde aber, äufferft felten etwas davon; dagegen kam zu den Rezepten ftatt diefem, jedesmal das Extract der Weidenrinde. — In der Vermifchung läßt fich diefes wohl nicht leicht erkennen, doch giebt es eine ganz helle, bräunliche Auflöfung, ift etwas füßer im

Ge-

Geschmack, und hat einen ganz besondern Geruch, der auch in der Vermischung mit andern, nicht sehr stark riechenden Körpern, hervorsticht, und dem frischgelassenen Harne ähnelt.

An einem zweyten Orte, wurde neben einem ziemlich guten China-Extracte, das Extract der jungen Eichenrinde bereitet, und statt jenem, zu allen Vermischungen verwendet. Es giebt dieses jedoch eine weit röthere Auflösung, als das Extract der China, welche Farbe sich auch bey der geringsten Eisenspur weit mehr schwärzt, als bey letztern, dann ist der Geschmack des Eichenrinden-Extracts viel stärker zusammenziehend, und bitterer; bey Vermischungen aber mit andern Extracten lassen sich beede Extracte sehr schwer unterscheiden.

An einem dritten Orte, war wohl auch etwas China-Extract vorräthig, aber an dessen Stelle wurde allemal das Extract von der Rinde der Roßkastanie verbraucht. Ein genauer Kenner der Verschiedenheit bey Farben, kann sich jedoch leicht von dem Betrug überzeugen, indem man sie bey Vermischungen, deren Farbe nicht allzudunkel ausfällt, das schillernd röthlichte, des Roßkastanienrinden-Extracts, sehr leicht bemerkt.

Da

Da an mehrern Orten die sogenannte
rothe China, in Gebrauch kam, so konnte
es nicht fehlen, daß bey dem hohen Preise
derselben nicht Apotheker und Materialisten
mit einander wetteifern sollten, wer am meisten seine Abnehmer durch damit vorgenom-
menen Betrug plündern könnte. Das Dar-
untermischen von der dickſten, geschmacklose-
ſten, und schlechteſten, gewöhnlichen Fieberrinde, war und iſt noch jetzt der allgemein-
ſte Betrug. Die ächte bisher gebräuchlich
gewesene rothe Fieberrinde, hat folgende we-
ſentliche Kennzeichen. 1) Iſt sie zwar von
ſtärkern und dickern Rollen, als die feine gewöhnliche Fieberrinde, (wiewohl man von
jener, auch eine dünnröhrige hat, welche ich
aber noch nicht gesehen) demungeachtet iſt
ihr Geschmack ſtärker und etwas bitterer.
2) Iſt ihre äuſſere Fläche sehr rauh, voller
Sprünge und Einschnitte, auch wie schup-
picht, und iſt wie mit einer weißlichten Haut
überzogen, welche aber an den aufgeſprun-
genen Orten die rothbraune Farbe der innern markigten Seite zeigt. 3) Iſt sie inwendig dunkelrothbraun, und im Bruche
glänzend, ohne Fasern. 4) Giebt sie ein etwas, dunkleres und rötheres Pulver, als
die gewöhnliche feine Fieberrinde, so wie
auch, Aufgüsse, Dekocte und dergl. eine
etwas röthere Farbe haben, und sich über-

haupt

haupt von der rothen China mehr, auszie-
hen läßt, als von der gewöhnlichen. Die
beste rothe Fieberrinde ist daher, nach meiner
Ueberzeugung die, welche von jener, angezeigten
äussern und innern Beschaffenheit ist, deren
Rollen geschlossen, und nicht zu dicke sind.
Je dicker aber diese Rinde wird, desto schlechter
ist sie, ist hellfärbiger, nicht gerundet sondern
flach, im Bruche voller Fasern, und von
wenigem Geschmack. Dieser zuletzt angeführten schlechten rothen China, gleichet die
ganz schlechte gewöhnliche vollkommen, aus-
ser daß sie fast ganz geschmacklos, aber
auch etwas dunkler gefärbt ist. Daher fallen
die Pulver davon sehr dunkel aus. Auf
diese Aehnlichkeit gründeten Materialisten
und Apotheker ihre Betrügerey, und mischten
der rothen China mehr oder weniger von jener zu; ja ich weiß Beyspiele, daß der vom
Kaufmann schon vermischten China, vom
Apotheker noch mehr schlechte zugesetzt wurde; und ein Apotheker, welcher doch
sehr klug seyn wollte, betrog seine Kunden,
aus lauter Einfalt, mit purer ganz schlechter
gemeiner China, indem er sagte, man machte so großes Geschrey von der neu entdeckten
rothen China, er kaufte sie jedoch schon lange
von einem Juden, das Pfund um 40 Kreu-
zer, und bey den Materialisten sollte er sie
für 6 Gulden bezahlen. —

Nach

Nach der China ist die Rhabarber wohl
der Artickel, an welchem der Apotheker,
manchmal auch der Materialist, am meisten
Profit hat, und mit welchem, auch ähnliche
Betrügereyen wie mit der China vorgehen;
denn mancher Apotheker kauft gewiß nur zur
Sajau und zum Handverkauf für Personen,
die es wissen, wie feine Rhabarber aussehen
muß, etwa ein Pfund der Besten: zur Rezeptur und zu Pulvern Mittelsorte, zu Säften,
Tinkturen und Infusionen aber gewiß nur die
schlechteste. Folgendes kan ich aus Erfahrung darüber eröfnen. An mehr als zehen
Orten, und sinds zehn, so sinds gewiß auch
mehrere, sahe ich zum Rhabarpulver, keine
andere Rhabarber als zwey Drittel nicht der
besten Mittelsorte, und ein Drittel der ganz
schlechten, schwarzbraunen zusammen stoßen;
oder man nahm wohl halb von der lezten,
und halb von der mehr weisen als gelb und
rothmarmorirten, schwammichten, deutschen
Rhabarbar. Die auf diese Art gemachten
Rhabarberpulver, sind keinesweges dem
Pulver der ächten feinen Rhabarber ähnlich,
sondern das erste sieht mehr braun als gelb,
und wird je älter, je schlechter: das zweyte
aber sieht weder gelb noch braun, sondern fällt
mehr ins graugelbe, und so fein man
auch das Pulver macht, so lassen sich doch
immer weise und braune, nicht gelbe Punkte
darin-

darinnen bemerken. Außerdem haben diese beede Rhabarberpulver auch einen sehr geringen
Geruch und Geschmack, gegen dem ächten,
welches eine sehr schöne goldgelbe, etwas ins
röthlichte fallende Farbe hat.

Zu der Rhabarbar-Tinktur wird, wie ich
theils aus Erfahrung, theils aus Erzählungen weiß, immer nur die schlechteste schwarze genommen, denn sie mehrt auf zweyerley
Art den Gewinn, indem sie nemlich nicht nur
sehr wohlfeil ist, sondern auch eine weit grössere
Menge Wasser färbt, als die feine. Ja
um die Farbe noch dunkler zu machen, oder
ihr das Ansehen einer großen Konzentration
zu geben, wird wohl das Duplum oder Tri-
plum Alkali, gegen die Vorschrift der Pharmakopoe zugesetzt, wovon die Tinktur oft
ganz schwarz wird. Es ist dieses auch immer ein Kennzeichen, daß die Tinktur nicht
Vorschriftmäßig bereitet worden; denn die
Tinktur von guter Rhabarbar und einer gehörigen Menge Weinsteinsalz, durch Digestion bereitet, sieht rothbraun, ist etwas
dicklicht, und nicht ganz helle. Nur wenn
sie durch kochen bereitet worden, ist sie etwas dunkler von Farbe, und klärt sich auch
sehr bald zu einer durchsichtigen Flüssigkeit
ab. Das nach Vorschrift zugesetzte Alkali,
ist zwar noch etwas überflüssig vorhanden,
aber in weit geringerer Menge, als bey den

C

Tink-

Tinkturen von schwarzer Rhabarbar, daher es bey diesen auch leicht durch den Geschmack deutlich wird, der deswegen auch weit eckler ist, da das Alkali die Auflösung des Harzwesens in der Rhabarbar befördert, und mehr davon in die Flüssigkeit bringt.

Das Extrackt der Rhabarbar wird auch von grosser Verschiedenheit angetroffen, nie sahe ich's aber anders, als aus der schwarzen schlechtesten Sorte bereiten, sie überdieß 10 — 12 mal auskochen, und das Ausgekochte sammt dem Sediment eindicken. An etlichen Orten wurden sogar die Rückstände der Rhabarbar - Tinktur gesammelt, mit frischer Rhabarbar ferner tüchtig ausgekocht, und wohl auch noch Laugensalz zugesetzt. Man erhält nun wohl auf diese und jene Art viel und wolfeiles Extrackt, aber jenes ist fast Geschmack - und Geruchloß; folglich auch ohne Würkung; dieses hingegen hat wohl Geschmack genug, aber nur vom Laugensalz, und da diese Extrackte jederzeit in Kupfer gekocht werden, auch Würksamkeit genug, aber gewiß nicht die, welche man verlangt. Die Kennzeichen eines schlechten Rhabarbar-Extrackts folgen schon aus der Bereitungsart. Nie wird sich ein solches Extrackt vollkommen auflösen, sondern allezeit einen beträchtlichen pulverichten Bodensaz lassen. Das flüssige wird ganz schwarz aussehen, da hinge-

hingegen ein Extract von guter Rhabarbar,
wohl auch schwarz aussieht, dabey aber einigen Glanz hat, der dem von schlechter
mangelt, welches immer, sowohl auf der
Oberfläche, als auch wenn es trocken ist,
im Bruche, rauh ist. So läßt auch das gute
Extract, auf weises Papier gestrichen, einen
bräunlichtgelben Fleck zurück und löst sich vollkommen im Wasser auf, welche Auflösung
braun aussieht und etwas trübe ist; übrigens ist es stark eingedickt, zähe, ganz trocken,
auf dem Bruche glänzend, und hat, wenn
es vorsichtig bereitet worden, Geruch und
Geschmack der Rhabarbar im hohen Grade.

Die Quassia liefert bekanntlich sehr wenig Extract, und ist oft sehr theuer. Ist es
daher ein Wunder, daß es auch mit diesem
Extract in vielen Apothecken nicht ganz richtig zugeht? In mehrern Apotheken ist es
zwar recht vorhanden, aber in Vermischungen kommt wohl selten etwas davon, an dessen Stelle muste ich öfters das Extract des
Gentians oder Fieberklees mischen. Andere
kochen Gentian und Quassia vermischt mit
einander zum Extract aus; und da ich einst-
mals bey einem gewissen Apotheker bemerkte,
daß das Extract der Quassia im Geruch und
Geschmack dem der Aloe viel ähnlich wäre,
so ließ er auch gleich bey der nächsten Bereitung Aloe zum Quassien-Extract setzen,

statt

statt daß er sonst Gentian dazu nahm. Es
giebt nun aber doch Erkennungsmittel für
diese Betrügereyen. Denn 1) ist das unver-
fälschte Quassien-Extrackt bey einer nicht zu
festen Konsistenz mehr rothbraun von Farbe
als schwarz, trocken, aber äusserlich von einer graulichten Farbe. 2) Ziehen sich bey
einer weisen Konsistenz des Extrackts krystal-
linische Körner zusammen, welche etwas
weniges an Salpeter und den grösten Theil
an einem erdigten, im Wasser fast unauf-
löslichen Mittelsalze halten, dessen Bestandtheile nächstens bekannt werden sollen. Diese Salze heben den Zusammenhang auf, und
machen das Extrackt grünlicht. Ist es nun
mit Aloe oder Gentian verfälscht, so bleibt
es in beyden Fällen zähe. Mit ersterem trock-
net es sogar zu einer harten glänzenden Masse aus. 3) Das trockne Quassien-Extrackt ist
dagegen weit weniger zusammenhängend und
zerreiblicher. 4) Ist das Quassien-Extrackt, wenn es nur etliche Monate alt ist,
nicht mehr ganz im Wasser auflößlich, sondern das Mittelsalz bleibt pulverricht liegen,
dagegen sich ein verfälschtes vollkommen auf-
löst. 5) Giebt das mit Aloe verfälschte,
auf Kohlen geworfen, den eigenthümlichen
Geruch der Aloe von sich, ein ächtes aber
läßt seinen wenigen Salpeter durch Verpuf-
fen fahren und das Mittelsalz zurück.

Da

Da in einer meiner Kondizionen, ein
Arzt das Extract der Virginischen Schlan-
genwurzel häufig verschrieb, diese aber sehr
theuer war, so wuste sich mein damaliger
Patron auch recht gut zu seinem Vortheil, mit
einem Substituens zu helfen, und nahm eben
das, was Herr Westrumb, von einem Materialisten erfahren zu haben, erzählt. Er setzte nemlich der Serpentaria fast die Hälfte
Badrianfasern zu, und zog das Extract
aus, welches überdieß mit allem Sediment
eingedickt wurde. Eine feine Nase kann jedoch
den Betrug doch leicht entdecken.

Als die Colomba in Gebrauch kam, so
wurden alle mögliche Vergleichungen mit
andern Wurzeln angestellt, ob ihr, da sie so
theuer war, nichts zu substituiren wäre. Ein
gewisser Apotheker, nahm sogar einmal
Bryonia dafür, die ihm aber große Ungele-
genheiten, und fast den Verlust aller seiner
Kundschaft zuzog. In einer Apotheke, wo
ich war, wollte man sich auch mehr Profit
davon, durch Zusetzung einer andern ähnlichen
Wurzel schaffen, und deliberirte lange, welche man nehmen wollte. Es wurden daher
mit jeder Wurzel Versuche gemacht, welche
einigermassen äusserliche Aehnlichkeit mit der
Colomba hatten, ob sie ihr gleich im Geschmack, Geruch und Würkung fast gar nicht
gleich kamen; es wollte sich aber keine fin-

C 3   den,

den, bis man an eine Schleblade kam, wo
Rad. Cofti amari darauf ftund. Hier war
das Ziel, welches man erreichen wollte, und
würklich kommt diese Wurzel der Colomba
in allen Stücken, so nahe, daß ein wenig
Geübter leicht jene für diese, als wahre neh=
men könnte; denn sie hat gröstentheils Far=
be, Gestalt, Geschmack, und Auflößbarkeit
mit der Colomba gemein, und bloß ein
Nachgeschmack, der Violenwurzel gleich,
zeichnet die Costuswurzel von der Colomba
aus. Dieser erhält sich, auch wenn die Wurzel
noch so alt ist, und theilt sich den Abkochun=
gen und Extracten auch mit; dagegen die
Colomba bloß einen eignen, nicht unan=
genehmen, gewürzhaft bittern Geschmack, be=
sitzt. Noch weiß ich, daß zur selben Zeit der
Colomba Gentian=Wurzel beygeordnet wur=
de. Vielleicht geschieht es auch noch jetzt;
es wird aber davon röthlicht, da das von
blosser Colomba grünlicht oder bräunlich
grau ist. Erstere Farbe erhält es, wenn man
länglichte Stücke, letztere wenn man Schei=
ben zum Pulver nimmt. Die mit Gentian ver=
mischten Dekockte werden röthlicht und dün=
ne, die von bloßer Colomba braun und
schleimigt dicke, da sich die Colomba fast
ganz, durch das Kochen mit Wasser auflößt.
Eben so wird ein Extract aus Colomba mit
Gentian vermischt zähe und röthlicht, da es von
jener

jener erſten Wurzel allein bereitet, ſchwam,
migt oder gelatinös wird, deswegen es ſich
auch nicht in welcher Geſtalt erhält, ſondern
gelinde ausgetrocknet werden muß.

Oben ſagte ich, die Colomba und Co,
ſtus-Wurzel wären einander in allen Stü,
cken, bis auf den Violenwurzelartigen Ne,
bengeſchmack der letztern gleich; dieſes befin,
det ſich wirklich ſo wie jeder leicht ſehen kann.
Es bringt mich ſolches auf die Vermuthung,
weil nach mehrern Schriftſtellern dieſe Wur,
zel aus dem Orient kommt, ob nicht beede
Wurzeln nur Varietäten wären, und unſere
Vorgänger auch ſchon eine Art Colomba ge,
habt hätten, wovon in alten Pharmakopleen
mehrere Zuſammenſetzungen den Namen hat,
ten. Uebrigens halte ich diejenigen Wurzel,
ſtücke der Colomba für die beſten, welche der
Länge nach zerſchnitten, nicht allzuſtark,
und von grünlichter Rinde ſind. Sie ſcheinen
mir von nicht ſo alten Wurzeln zu ſeyn,
haben einen aromatiſchen und bittern Ge,
ſchmack und eine gröſſere Auflösbarkeit, als
die Scheiben, welche auch mehrentheils
wurmlöchericht ſind.

Eben ſo kamen mir auch einige Verfäl,
ſchungen der Senega-Wurzel in Pulvern, Ex,
tracten, u. d. g. mehr vor, die mir erzählt
wurden, oder bey denen ich ſelbſt mit behülf,
lich ſeyn mußte. So wurde z. E. bey einem

die

die Hälfte dieser Wurzel zu allen Zubereitungen und die Hälfte der Pimpinella saxifraga, bey einem andern, statt dieser das Vincetoxicum, und bey einem dritten statt des Extracts, die Hälfte des Extracts der Inula helen. zugesetzt.

Uebrigens giebts in den Apotheken bey den Extracten, der Substitutionen unzählige; welche oft freylich wenig schaden, indem selbst die Extracte vieler Apotheker von einerley Würkung sind. Sie haben nemlich beym Eindicken ihre eigenthümlichen Bestand- und Würkungstheile meist verlohren, und sind nichts als schwarze verbrannte Massen. Oft wird aber sehr verkehrt substituirt, wie mir ein Fall bekannt ist, wo in einer der grösten Reichsstädte ein Apotheker, statt des Extract. Polygal. amar. das Extract. Pulsatillae nigricant. gab; worin er aber die Aehnlichkeit beeder Extracte suchte, getraue ich mir nicht zu bestimmen. Eben so auch, nahm ein anderer, statt des Extr. Lign. Campechenf. Extr. Lign. Quajacc. wozu er überdieß braunes Bier statt des Wassers zur Auskochung verwendete. — —!

Was aber ärger als Substitution in vielen Apotheken ist, und was den Arzt, im Vertrauen auf Arzneyen, welche von andern Aerzten als wirksam gepriesen worden, irre machen muß, ist dieß, daß sehr oft
ganz

ganz andere Pflanzen aus Mangel botani-
scher Kenntniße zu Extrackten verwendet werden, wie ich mehrere Beyspiele von der Ar-
nica, Cicuta, Marubio, Belladonna, Pulsa-
tilla, und andern weiß; und dann, daß sich
mancher Apotheker die Freyheit nimmt,
wenn ein Arzt Extracte in einiger Quanti-
tät verschreibt, am Gewichte abzubrechen,
welches ich aus Erfahrung und Erzählung
ganz sicher weiß. Hauptsächlich geschieht dies
bey Pillen, denn da werden, wenn mehrere Extracte unter eine Masse kommen sollen, kaum
zwey dazu genommen, und das übrige mit einem oft unschicklichen Pulver ersetzt. Ueber-
haupt machen sich viele Apotheker kein Gewissen daraus, bey welchen Pillen-Massen, Lyko-
podium oder ein anderes Pulver zuzusetzen,
und dagegen vom Extracte am Gewichte abzubrechen. Wie kann da ein Medikament so
würken, als der Arzt es erwartet? Meines
Erachtens giebt es nur einen Weg, einen Betrug dieser Art, wenn man bey der Zuberei-
tung der Arzney nicht seyn kann, zu entdecken, und diese Entdeckung schränkt sich auch
wieder nur darauf ein, daß man den Mangel des Gewichtes bey dem Extracte erfährt.
Substitutionen lassen sich in diesem Falle
schlechterdings entdecken; man rechne nemlich von einer beliebigen Menge Pillen, die
unauflößbaren Bestandtheile zusammen, löse

C 5   dann

dann die Pillen auf und wäge den Rückstand, nachdem er vorher getrocknet worden, wo dann der Zuwachs des Gewichts das, statt des Extracts zugesetzte Pulver, angeben wird.

Ich glaube, daß hier der unrechte Ort nicht seyn wird, einige Anmerkungen über die Vorschläge der neuesten Schriftsteller, die Extract-Bereitungen betreffend, zu machen, und einige, ich glaube nicht unwichtige Ursachen anzugeben, warum man wohl schwerlich auf diese Art bereitete Extracte in den Apotheken finden kann und wird. Und zwar kann das letztere deswegen nicht so leicht geschehen, da bis jetzt noch sehr wenige Apotheker dergleichen Bücher lesen, wenn sie auch könnten, vielweniger sie kaufen. Aus gelehrten Zeitungen und Journalen erfahren sie auch nichts, denn diese kommen nur in der wenigsten Häuser. Verlangt auch mancher Medikus, daß die Extracte, nach Hermbstedts, Liphards, Möuchs oder Remlers Art, in einer Apotheke bereitet werden sollen, so wird sie gewiß selten ein Apotheker darnach bereiten, wenn ihm auch alle Vorschrift hiezu wäre gegeben worden, und zwar 1) wegen der großen Umständlichkeit und Mühe; 2) weil er sich besondere Gefäße hiezu anschaffen müste, denn nichts kommt einen Apotheker saurer an als was anzuschaffen, welches sonst nicht da war; und 3) weil er weniger

niger Extract erhält. Schlägt er nun seine Kosten und Mühe hoch an, und glaubt
dadurch den Preiß erhöhen zu müssen, —
würklich werden auch die Extracte und zwar
hauptsächlich die Hermbstädtischen um mehr
als nochmal so theuer —; so glaubt er seine
Extracte würden ihm nicht bezahlt.

Meine Anmerkungen zu den neuen Arten
Extract zu bereiten sind kurz beysammen;
und habe ich bloß bey Herrn Hermbstedts
Bereitungsart zu bemerken, daß, ihrer entschie-
denen Vorzüge ungeachtet, dieselbe doch
nicht allgemein angewendet werden kann,
und zwar der vielen Arbeit und der Kostbar-
keit der Extracte wegen. Würde man
wohl einem unbemittelten Bürger ein solches
Extract in hinreichender Menge verordnen
können? und würde ein Reicher es gerne bezahlen? Hn. Liphardts mehrere Tage dauernde
kalte Infusionen lassen Zersezung und Schim-
meln der Pflanzen und Flüssigkeit erwarten,
und nicht hinlängliche Ausziehung. Bey
Herrn Mönchs Methode, ist Anhäufung
der Flüssigkeit zu besorgen, und Herrn
Remlers Einlegung blanker Spatel, wenn
die Pflanzenkörper in Kupfer ausgekocht
werden, ist oft deswegen nichts nüze, weil
sich dann statt des Kupfers oft Eisen auf-
löst, welches eben so wenig ins Extract gehört, und es schwärzt. Und dann giebt es
der würklich ammoniakalischen Salze so wenig

nig in den Pflanzen-Extracten, das heißt
in ganz frischen, daß ich nicht begreifen
kann, wie das flüchtige Laugensalz das Kupfer auflösen und mit sich in das Extract
führen könne. Freyes flüchtiges Laugensalz
in den Pflanzen-Auszügen, frisch, wie sie
eben gemacht werden nemlich, habe ich auch
nie gefunden und läßt sich auch nicht wohl
denken; wohl aber in verschimmelten, ge-
gohrnen Extracten, wo es aber offenbar erst
zusammengesezt ist. Ich habe auch das sehr
oft bemerkt, daß ein Neutral und Mittelsalz mit Schleim umhüllet, und in einer beträchtlichen Menge Wasser aufgelöset, und
im Kochen erhalten, es seye nun ammoniaka-
lisches oder anderer Natur, das Kupfer
nicht angreife, noch vielweniger es auflöse.
Selbst der Eßig thut es nicht; läßt man aber
einen solchen Körper im Kupfer erkühlen,
dann geht eine würkliche Korrosion und Auflösung vor sich.

Noch fragt sichs, was sollen eigentlich
Extracte seyn? Meiner Meynung nach, die
ich aber recht sehr gerne einer bessern Be-
lehrung unterwerfe, ist der Zeit her ein
Extract deswegen bereitet worden, um die
Wirksamkeit eines Pflanzen-Körpers, zu
konzentriren, oder in ein kleineres Volumen
zu bringen. Ist nun meine Meynung gegrün-
det, so wird von einem wässerichten Extrackte

te geforbert, daß nicht nur gummöse und
salzigte, sondern auch so viel harzigte Theile
sich darinnen befinden sollen, als das Wasser mit auflösen und in die Enge gebracht,
aufgelößt erhalten kann. Hierauf gründete
sich auch meine zeitherige Bereitung, der
Extracte, welche sich, gegen viele andere Extracte gehalten, gewiß sehr vortheilhaft in
dem Ansehen und der Würkung auszeichnen.
Ich stelle sie aber folgender Art an.

Alle Extracte einheimischer Pflanzen,
welche man grünend erhalten kann, werden
zerhackt, zerstoßen, und aufs stärkste ausgepreßt. Der Rückstand wird sodann einmal
mit verhältnißmässiger Menge Wassers in einem zinnernen Kessel ausgekocht, und noch einmal in der Presse stark ausgepreßt. Das De-
coft wird nun so weit abgeraucht, bis es die
Dicke des Mandelöles hat, und wird alsdenn
über Nacht ruhig hingestellt, daß sich die etwa-
nige Unreinigkeit und das überflüßig ausgezo-
gene Harzwesen absetzen möge. Nachdem es
nun durchgeseihet worden, wird der ebenfalls durch Flanell gegossene, ausgepreßte
Saft dazu gemischt, und bey dem gelindesten
Feuer, in Steinzeuch, Glas oder Porzellain,
eingeraucht, wobey man den aufsteigenden
Schaum abnimmt.

Extracte dürrer, nicht grün zu haben-
der Körper aber, bereite ich folgender Gestalt.

stalt. Es wird nemlich jeder Körper vorher zum feinsten Pulver gemacht, in einen kurz= hälsigten schicklichen Kolben geschüttet, und siedendes Wasser darüber gegossen. Dies Ge= mische wird nun 24 Stunden in fast kochen= de Digestion gestellt, und dann ausgepreßt, hierauf mit Wasser aufgiessen, digeriren und auspressen 4 — 5 mal, oder solange fortge= fahren, als etwas auszuziehen ist. Die Aus= züge werden sodann zusammengegossen, und mit gelindem Feuer bis zur Oel=Dicke einge= raucht, hierauf 24 Stunden wohlbedeckt ru= hig hingestellt, durch Flanell geseihet, und vollends mit dem gelindesten Feuer oder auf dem Stuben=Ofen, zur gehörigen Dicke ge= bracht. Man wird auf beede Arten Ex= tracte erhalten, welche wohl etwas Harz= wesen, aber gerade nur so viel enthalten, als sich damit aufgelößt erhalten kann. Der Ge= schmack und Geruch muß mit den Pflanzen= körpern, wovon sie genommen worden, genau übereinkommen, da in beeden Fällen wenig flüchtiges verlohren gehen kann. Das äusser= liche dieser Extracte und die Würkung, muß auch den gewöhnlich sudelhaft genug bereiteten weit vorgehen, und der Arzt kann alles das von ihnen hoffen, was er sich davon vorgestellt hat.

Sehr wenige Apotheker bereiten sich das Jalappen=Harz und behelfen sich mit dem
käufli=

käuflichen, welches gewiß unter zehnmalen
neunmale verfälscht ist. Dieses wußte ein
Apotheker, bey dem ich war, und machte sich
sein Harz selbst, aber er machte es so, daß
er auch ansehnlichen Profit davon hatte,
daß heist, er mischte so viel von einem andern
Körper zu, daß sein Harz um nichts besser,
oder vielmehr schlechter war, als das kauf-
bare; welchen Körper er aber zumischte, wird
wohl niemand errathen, und der Einfall ist
so paradox, daß ich nicht weiß, wie er darauf
kam, denn die laxierende Kraft wird dadurch
um nichts vermehrt, und das Gewicht erhält
dadurch bloß Zuwachs. Es war dieser Körper aber das natürliche Quajakharz; und da
dieser Prozedur wohl niemand nachahmen
wird, so wird es auch nicht nöthig seyn,
ein Erkennungsmittel dieses Betrugs anzugeben. Da es aber der Verfälschungen des
Jalappen-Harzes unzählige giebt, so will ich
nur mit wenigem sagen, wie ein ächtes Ja-
lappen-Harz beschaffen seyn muß. Ist es
in Tafeln gegossen, so muß es dunkel, rothbraun, glänzend, und fast durchsichtig seyn,
ist es aber gewunden, so ist es grau von
Farbe. In einem Falle, wie in dem andern,
muß es sehr leicht zu zerbrechen, und zwischen
den Fingern zerreiblich seyn und keinen andern
Geruch, auf ein heises Blech geworfen, geben, als den, welchen die Jalappe giebt

wenn

wenn sie mit einem heisem Messer geschabt wird. Uebrigens muß es trocken seyn, und auch an der Luft bleiben. Feucht werdendes hat gummóses Extract noch anhängend, und zu Pulver gerieben, muß es weißgrau werden.

So wie es mit den Extrackten in vielen Apotheken hergeht, eben so ist es mit den Syrupen beschaffen. Ob nun gleich hiedurch weit weniger Schaden geschieht, so ist es doch nicht recht und verdient einiger Erwähnung. Denn so weiß ich, daß zu den Syrupen, wo die Infusion mit Wein gemacht werden sollte, gewiß selten Wein, sondern an dessen Stelle Wasser genommen wird. An einem gewissen Orte wurde der Zimmtsyrup sogar aus dem Rückstande gemacht, wovon in einer kupfernen Blase das Wasser abgezogen wurde — gewiß ein herrliches Stärkungsmittel! Der Violen-Syrup wird sehr häufig aus dem Infus. flor. Aquileg. gemacht und ihm mit dem Wasser der Iris florent. einiger Geruch gegeben, oder er wird aus diesem Wasser mit Lackmus gefärbt, bereitet. Mit Alkali, Essig, und andern offenbar sauren Pflanzen-Säften bereitete Syrupe, werden in Kupfer gekocht, ohne daß man bedenkt, wie schädlich dergleichen Arzneyen werden können.

Essenzen, Elixire und Tinkturen, werden oft in verschiedeneen Apotheken sehr verschieden

schieben angetroffen, woran leider nichts,
als die leidige Habsucht schuld ist. Denn
obgleich zum Menstruo wenig genug Ingre-
dienzen vorgeschrieben sind, so wird doch, vor-
nehmlich bey etwas theuern Simplizien, hie
und da abgezwackt, und so die Würksamkeit
verringert. Auch sahe ich einst einen Apotheker, um recht schön grüne Kräuter-Essen-
zen zu erhalten, denselben Kupfer Vitriol
zusetzen, und statt recktifizirten Weingeists,
gemeinen Fruchtbranntwein nehmen; welches
letztere zwar auch an vielen andern Orten
noch geschieht.

Das Tamarinden-Mark wurde in einer
Apotheke folgender Art gemacht, und wird
vielleicht in gar vielen andern eben so bereitet.
Man kochte nemlich 4 Pfund dürre Zwetsch-
gen solange, biß sie zum durchtreiben weich
wurden. Als dieses geschehen, setzte man
ein viertel Pfund Weinsteinraam und
1 Pfund braunen Meelzukker zu, und kochte alles in einem eisernen Kessel zur gehörigen Dicke ein. Farbe und äusserliches Ansehen hatte diese Masse wohl mit dem Ta-
marinden-Marke gemein, aber der Geschmack und Würkung?

Noch habe ich nichts von den chemisch-
pharmazevtischen Arzneymitteln gesagt, mit
welchen unstreitig der meiste und größte Betrug vorgeht. Denn entweder ist der Apotheker zu unwissend, daß er sich diese Arzneyen

D   selbst

selbst verfertigen könnte, oder er ist dazu zu bequem. In beeden Fällen wendet er sich nun an Kaufleute und Fabrikanten, wird von ihnen betrogen, und betrügt wieder. Weiß er würklich diese Arzneyen zu verfertigen, und verfertigt er sie auch, so macht er es wie die meisten Fabrikanten, das heißt, er setzt seinen Arzneyen Körper zu, die nicht dazu gehören, und macht sich grössern Profit; oder er nimmt einen wolfeilern Körper für einen theurern, und macht ein falsches Product. Will er aber chemische Arzneyen selbst verfertigen, und weiß nicht gehörig dabey zu verfahren, so macht er ganz natürlich unnütze schlechte Waare. Alles hier angeführte will ich mit Beyspielen belegen, welche ich würklich gesehen, und für deren Aechtheit ich stehen kann.

Beynahe alle chemische Arzneymittel, von Kaufleuten erstanden, sind verfälscht, denn die meisten könnten sonst nicht so wolfeil gegeben werden. So sahe ich wohl drey bis viererley Arten vom schweißtreibenden Spießglanze von Kaufleuten, welches vermischt war. Das eine war so fest wie ein Stein, gelblicht und nicht genug ausgesüßt. Das andere war weiß, in leicht zerreiblichen Stücken, die im zerbrechen etwas faserichtes zeigten. Es brauste nicht mit Säuren, und diese wollten auch nichts davon auflösen. Ich kochte es mit Laugensalz, dadurch wurde etwas am Gewichte vermindert. Sal-

peter-

peterſäure brauſte nun mit und löſte einen ziem-
lichen Theil davon auf, welcher ſich mit Vitriol-
ſäure wieder als Gips fällen ließ; folglich mußte es wohl mit Gips vermiſcht geweſen ſeyn.
Ein drittes und viertes brauſte ſogleich mit
Säuren, war ſehr leicht, die Stücken ließen ſich in ſehr feines Pulver zerreiben,
Salpeterſäure löſte viel davon auf, und
das Aufgelöſte verhielt ſich ganz wie Kalk-
erde. Will man daher von der Aechtheit eines einfachen ſchweißtreibenden Spießglan-
zes überzeugt ſeyn, ſo muß es 1) ſehr weiß,
2) ganz geſchmackloß, 3) locker und leicht
zerreiblich, 4) nicht brauſend mit einer Säure ſeyn, und 5) mit Fett impaſtirt und mit
Kohlenſtaub bedeckt, in einem bedeckten Tiegel ohne etwas zurück zu laſſen, ganz zu re-
duziren ſeyn.

Mit dem käuflichen Zinnober geht es
eben auch, wie mit dem gerade izt angeführten
Medikamente. Die gewöhnliche Verfälſchung
geſchieht mit Mennige, deren Entdeckung
bekannt genug iſt; ich fand aber auch einen
Zuſatz beym Zinnober, der meines Wiſſens
noch nie angeführt worden iſt. Es kam mir
nemlich einmal ein Zinnober unter die Hände, welcher äuſſerſt fein, etwas leichter als
gewöhnlich, und von einer ſehr feurigen, jedoch etwas dunklern als gewöhnlichen Farbe
war. Da er mir nicht ganz ächt ſchien,
ſo unterſuchte ich ihn durch Verrauchen,

D 2 und

und ich betrog mich auch gar nicht in meiner
Vermuthung denn es blieb hier ein schwarzer Körper zurück, mit einem styptischen Vi-
triolartigen Geschmack, welcher sich auch
gröstentheils als solcher auflößte, und noch
etwas Ockerartiges zurückließ. Sollte der Zinnober nicht mit der feinsten Art von dem so-
genannten englischen Roth vermischt gewesen seyn? Auch mit Bolus vermischt, trift
man ihn an.

Mineral-Kermes wird jetzt auch von den
Materialisten verkauft, und das ziemlich bil-
ligen Preises. Er ist aber oft so schwarz, daß
man auch Spießglanz darinn erkennen kann,
und meist so wenig ausgesüßt, daß er in der
geringsten Dosis heftiges Brechen erregt.
Ein ächter Mineral-Kermes aber, muß von
schöner heller braunrother Farbe seyn, und
sich vollkommen in kaustischer Lauge auflösen
lassen.

Der käufliche Höllenstein, auch der, welchen viele Apotheker selbst machen, ist oft
mehr von Kupfer als von Silber. Man kann
dieses aber sehr leicht erfahren, wenn man
etwas davon einem starken Feuer aussetzt,
die noch anhängende Salpetersäure verjagt,
und den rückständigen Kalck mit flüchtigem
Alkali digerirt. Die blaue Farbe wird alsdenn
sogleich das Kupfer offenbaren.

In die gröste Verlegenheit kommt man,
wenn man im Nothfalle Magnesie von den
Kauf-

Kaufleuten nehmen soll, denn unter zehnmalen
trift man gewiß selten zweymal auf ächte. Die
mehrsten Kaufleute erhalten sie von Salpe-
ter- oder Salzsidereyen, und verkaufen daher Kalck, Gips und Magnesie untereinan-
der, selten daß sich eine solche käufliche Magnesie in Salpetersäure, vielweniger in Vitriolsäure auflößt, welches sie doch thun
muß, wenn sie ächt seyn soll. Es machen
sich auch wenige Apotheker ein Gewissen daraus, die Kalckerde der Salpetersieder zu
kaufen, sie ihren Patienten für ächte Magnesie theuer genug anzuhängen, und sie damit zu betrügen, wenn sie nur recht wolfeil
einkaufen können. Wie ich schon gesagt, es
muß sich eine ächte Magnesie vollkommen in
hinlänglich verdünnter Vitriolsäure brausend,
wenn sie nicht gebrannt ist, auflösen, und
damit das gewöhnliche Bittersalz liefern, auch
sich leicht mit Wasser mischen lassen, welches die mit Kalckerde und Gips vermischte
nicht thut, sondern mit Wasser beynahe er-
härtet, und mit Vitriolsäure zu einem un-
auflößlichen Mittelsalz wird.

Daß man keine reine Salz- und Salpetersäure käuflich erhalten kann, ist bekannt;
eben so geht es mit verschiedenen Salzen.
So ist mir schon öfters, Bernsteinsalz aus
gröblicht zerstoßenem Vitriolweinstein oder Di-
gestivsalz mit Bernsteinöl gelb und riechend gemacht vorgekommen. Ein Apotheker erzählte

D 3 mir,

mir, daß er Glasers Polychreſtſalz verſchrie-
ben, und kleine Friedrichsſalz-Kryſtallen dafür erhalten hätte. So gieng mirs ſchon öfters mit Engliſchem-und Seldſchützerſalze,
welches nichts anders, als durch Umrühren
in der Kryſtalliſation unterbrochenes natür-
liches Glauberſalz war. Die beſte Probe
bey einem ächten, Bitterſalzerde haltenden
Salze, geſchiehet durch aufgelößtes Laugenſalz.
Man wiegt nemlich 100 Theile des zu un-
terſuchenden Salzes ab, löst es auf, und
tröpfelt ſolange Laugenſalz-Auflöſung zu,
als etwas niederfällt. Der Niederſchlag
wird ausgeſüßt, getrocknet und gewogen,
und muß von 100 Theilen Engliſchem-oder
Seldſchützerſalze 40—45; vom Sedlizerſal-
ze aber nur 24—30 Theile betragen.

Im zweyten Falle, oder wenn der Apotheker ſeine pharmazeutiſch chemiſchen Arzneymittel ſelbſt bereitet, geht eben das vor, was
mit dem eben angeführten geſchieht. So weiß
ich aus Erfahrung und Erzählung häufige
Beyſpiele, daß zu den Zitronengeſäuerten
Krebsſteinen, ſtatt des Zitronenſaftes, Eſſig
genommen, und doch zu jenem Preiſe verkauft werden. Ich weiß ſogar einen Fall,
wo der Apotheker das Flüſſige, von dieſen
eſſiggeſäuerten Krebsſteinen, als zerfloſſene
Blättererde zu verkaufen, die Dummheit und
Gewiſſenloßigkeit hatte. Ferner weiß ich, daß
viele Apotheker den Tartariſirten Weinſtein,

für

für Blättererde in der Rezeptur verbrauchen,
so auch statt den Liquor von dieser, jenen
aufgelößt verkaufen. Man kann sehr leicht
dahinterkommen, wenn man zu solchem Liquor etwas Vitriolsäure tröpfelt. Ist es Tar-
tarisirter Weinstein, so fällt sogleich Weinstein Rahm, ist es aber ächter Blätterer-
denliquor, so fällt wohl auch ein Pulver,
aber zugleich, entdeckt man den Essiggeruch.
Zu Minderers-Geist sahe ich einmal folgende Mischung machen. Man lößte nemlich
1 Theil Salmiack und 2 Theile Pottasche in
6 Theilen Wasser auf, und sättigte das Ge-
mische mit Essig; und einst mußte ich den
spirituösen Salmiackgeist, mit Essig sätti-
gen – fürwahr trefliche Arzneyen! Man mache von diesen den Schluß auf mehrere
Fälle —.

Oft will auch mancher Apotheker sich
mit seiner großen Wissenschaft brüsten, und
seine chemischen Arzneyen selbst verfertigen,
ohne jedoch die dazugehörigen Handgriffe zu
wissen. Hievon sind mir einige lächerliche
Beyspiele bekannt. Es wollte mir nemlich
einst einer dieser Herren zeigen, wie man den
rothen Queckfilberkalck bereite. Die Arbeit
begann gehörig und die Salpetersäure wurde
wieder fast alle abgetrieben. Um sie aber
ganz vom Kalcke abzusondern, schüttete er
das Queckfilbersalz in einen Schmelztiegel,
und sprach diesem wacker mit Feuer zu. Als er

D 4   dabey

dabey immer Dämpfe zwischen der Bede
ckung aufsteigen sahe, so hielt er diese für noch
immer entweichende Salpetersäure, endlich
hielten ihm aber diese Dämpfe doch zu lange an.
Er öfnete daher den Tiegel, aber wie erschrack
der gute Mann, als er von seinem Queckfilber
kalcke so wenig im Tiegel fand, indem er
bis auf den vierten Theil im Rauch aufge
gangen war! —

Ein anderer machte seinen kaustisch seyn
sollenden Salmiackgeist nie anders, als aus
zerfallenem Kalck und Salmiack, denn, sagte
er, als ich einst ungelöschten frischen
Kalck dazunahm, und auf das Pulver in
der Retorte Wasser goß, auf die Art ist sie
mir zersprungen, und alles verlohren gegan
gen; wenn ich aber zerfallenen Kalck neh
me, so habe ich nichts zu besorgen.

Ein dritter wollte mit seinem Gehülfen
Glaubers Wundersalz machen, machte die
dazugehörige Mischung in der Retorte, und
destillirte, solange etwas übergieng. Da er
aber kein Wasser vorgeschlagen, und nur
das Vitriolöl mit drey Theilen Wassers ver
dünnt hatte; so erhielt er einen sehr konzen
trirten rauchenden Salzgeist, aber weder er,
noch sein Gehülfe wußten, was das für ein
Thier war, welches sie da erhielten und konn
ten nicht einig werden, was sie damit machen
sollten. Endlich faßten sie die gräuliche Re
solution, den erhaltenen Salzgeist lebendig
zu begraben, machten vor dem Thore der
                                                    Stadt

Stabt ein tiefes Loch in die Erde, und ver-
gruben ihn sammt dem Glase, worinn er
war. Sehen sie nur, sagte er mir nachher,
da ich als Gehülfe zu ihm kam, bey Vorzei-
gung des Residuums, dies soll das Sal
mirabil. Glauber. seyn? es sieht ja gar nicht
aus, als wie das Glaubersfalz, das man zu
Kaufe bekommt? Daß ich mich über die Einfalt des guten Herrn wunderte, und daß
mir vor meiner neuen Stelle graute, wird
man leicht glauben können; um jedoch der Verlegenheit des Herrn Apothekers abzuhelfen;
sagte ich ihm, daß das erhaltene Glauber-
salz jetzt freylich nicht so aussehe, wie es sollte, daß man es aber nur auflösen und kry-
stallisiren dürfe, um es gehörig herzustellen;
und daß er sich mit dem Wegschütten des
rauchenden Geistes geschadet hätte, denn
dieses wäre Salzgeist, und wohl zu verkaufen gewesen. Wollte ich noch Geschichtchen
dieser Art erzählen, so könnte ich ein hübsches
Bändchen zusammenbringen, doch diese gehören nicht hieher. Statt dieser will ich noch
durch drey Erzählungen zeigen, wie es bey
Apotheken-Visitationen hergeht, ob sie das
sind, was sie seyn sollen, und ob dadurch nicht
Obrigkeit, und Publikum getäuscht wird. Die
erste habe ich vom Hörensagen, die zwey andern aber aus eigner Erfahrung, welche ich
in zwey verschiedenen Städten hatte.

1) Hier wird, nach der mir gemachten
Erzählung, jedem Apotheker von Rathswe-

gen,

gen, ein Schreiben zugestellt, daß zu der
darinn bestimmten Zeit (gewöhnlich 14 Tage
nach einer solchen Ankündigung, wo also
der Apotheker Zeit genug hat, sich darauf
zu präporiren) die Apotheke visitirt werden
sollte und würde, er hätte sich also darnach
zu richten, und vor Schaden zu hüten. Der
hiedurch gewarnte Apotheker, würde nun
ein Thor seyn, wenn er sich nicht befliffe,
seine Sachen best möglichst anschaulich zu
machen. Es werden also die vielleicht zehn-
jährigen Extracte vom Schimmel gereinigt,
die sauer gewordenen Syrupe wieder aufge-
kocht; die schönsten Stücke von Material-
waaren vom Materialisten entlehnt, zur
Schau ausgesetzt, nach der Visitation wieder zurückgegeben, und ganz schlechte an deren Stelle verbraucht; abgängige Kräuter
und Präparate werden einstweilen aus andern Apotheken geborgt, und alles was zu
füllen war, ausgefüllt, sollte man auch nur
die Oberfläche des Reservoirs mit belegen.
Dann wird Apotheke, Laboratorium, Ma-
terial- und Kräuterkammer, und Wasserkeller sorgfältigst gewaschen und gereinigt, alle
Büchsen und Geräthe werden blank gemacht,
das Laboratorium wird mit allen besondern alten
und neuen chemischen Instrumenten und Glä-
sern vollgestellt und ausgeziert, und alle Oefen
werden frisch angefärbt. Kommen nun die Herren Visitatoren, welche aus zwey Deputirten
vom

vont Rath, 6 Aerzten, und einem Gewicht-
Visirer bestehen, so bewundern sie erstlich
die schöne Ordnung, den Glanz und die
Herrlichkeit, und vertheilen sich gleich darauf in die Apotheke, Materialkammer, Kräuterkammer und Wasserkeller, zum begucken
dessen, was ihnen der Apotheker will sehen
lassen, denn selten verlangt einer etwas anders zu sehen, als was ihnen der Apotheker
vorzeigt. Die Herrn Doctores besehen daher die in Figuren geschnitzten und gedrehten
Hölzer, (die freylich alle Jahre wieder pa-
radiren, und nicht verbraucht werden,) die
auf porzellainenen Tellern präsentirten chemischen Präparate, die Aufschriften der Syrupe, (wovon die wohlschmeckendsten auch
wohl gekostet werden,) der Extracte, Salben und Pflaster; bewundern die entlehnten
prächtigen Stücke von Harzen und Gum-
men, die schönen und ausgesuchten Wurzeln und Rinden vom Auslande; ziehen einige Schiebladen von Kräutern heraus; kosten die verschiedenen Sorten Zimmt-Was-
ser, die im Grunde nur zweyerley, nemlich
einfaches mit Wasser und das mit Wein,
sind und laßen sich am Ende die Erfrischung
auf die viele Mühe von höchstens einer
Stunde, vom Konfeckt und Wein herrlich
schmecken. — Die Nutzanwendung folgt
aus dem gesagten, sehr klar.

2)

2) Hier war ich zweymal gegenwärtig, und wurde babey folgender Art prozedirt. Die sämmtlichen
Apotheker unterreden sich nemlich gegen den Sep-
tember, wenn sie ihre Apotheken wollten visitiren lassen, und setzen fest, an welchem Tage der
Anfang gemacht werden soll. Vierzehn Tage
vorher schickt jeder Apotheker dem zeitigen Dekan
der Aerzte ein Buch, worinnen aufgezeichnet ist,
was für Stücke er will visitiren lassen; und
wobey er ihn einladet, die Simplizien zu unter-
suchen oder vielmehr anzusehen, woraus er zur
bevorstehenden Visitation, Compositionen, als
Theriak, Species de Hyacintho, Species Cor-
diales oder dergleichen machen will oder nicht.
Wenn er nun kommt, so trift er mehrere flache
Schiebladen an, die mit vielen Fächern versehen, und mit Türkischem Papiere ausgeklebt sind.
Hierinnen liegen nun die einfachen Körper, und
sind mit schön ausgeschnittenen Signaturen belegt. Der Herr Dekan besieht die schönen Sächel-
chen, lobt sie wohl auch ein wenig, läßt sich ein
Präsent für seine Mühe machen, und geht dann
seiner Wege; worauf denn auch sogleich die be-
sehenen Dinge wieder in ihre Büchsen, und die
Schiebladen an ihren Ort kommen, der Apotheker aber kauft seinen Theriak beym Materialisten und macht seine andern Sachen nach Be-
quemlichkeit und aus schlechter Waare. Ist diese
Besichtigung vorbey, so gebt es über das Scheuern
und Fegen der Kräuterkammer, Materialkammer, des Kellers, des Gewölbes, des Laborato-
riums und der Apotheke her. In der Kräuterkammer
wird auf die alten Kräuter eine Lage frischer gelegt,
und oben drüber ein sauberes Papier mit dem
Namen des Krauts. Da ich nun zur selben Zeit
eine ansehnliche Menge verschiedener exotischer
Gewächse im Wachsen und Blühen hatte, so ver-
mehrte ich meines Herrn Herrlichkeit damit, und
stellte

stellte sie in der Kräuterkammer und in deren Fen-
stern herum, wo sie wohl bewundert, aber freylich nicht gekannt wurden. In der Materialkammer werden die Schiebladen oberflächlich
mit schönen Stücken, die man vom Materialisten entlehnt, belegt, und da hier ein schöner Vor-
rath von großen Seemuscheln, geschliffenen und
angereibeten Steinen und Magneten war, so
wurden auch diese Dinge, zur Schau herumge-
hängt und gestellt. Im Behälter war eine große
Menge Flaschen und Gläser. Diese wurden fast alle mit destillirten Schneewasser angefüllt, und
Signaturen von allen Wassern darangehängt, die
in der dasigen Pharmakopoe verzeichnet stunden.
Im Gewölbe wurden alle Spiritus-Gläser, worinnen nichts war, und deren waren viele, mit
gemeinem Branntwein gefüllt, die Essenzen gehörig vertheilt. und frisches Elixir Vitae Mathioli
gemacht. Das Laboratorium wurde ausgeweißt,
die Oefen frisch angestrichen, das Kupfer, Zinn,
und Messing gescheuert, und alles voll chemischer
gläserner Geräthschaft gestellt und gelegt. Die
Apotheke aber verursachte die mehrste Arbeit,
denn hier musten alle Extrackte frisch verbunden
und vom Schimmel gereinigt werden, welches
auch den Pulpen, Robob's und Syrupen wider-
fuhr. Sodann wurde auf jede Tecktur dieser angeführten Medikamente ein Zettelchen geklebt,
worauf das Alter des Medikaments stund, welches von den mehrsten keine drey Monate über-
stieg, ob sie gleich mehrere Jahre alt seyn konnten. So gieng es auch mit den Salben; von
den Pflastern aber war von jeder Sorte eine
Rolle in türkisches Papier gewickelt, und ein
Zettelchen mit Namen und Alter, schlangenför-
mig herumgewunden, Pflaster, die mehrentheils
wohl zwanzig und mehr Visitationen überlebt
hatten, bey denen nur ein Ende des Pflasters
heraus

heraus fahe, welches allemal durchs abschaben er-
neuert wurde.

Bey der Visitation selbst gieng es folgender
Gestalt zu. Es erschienen sämmtliche Aerzte
der Stadt, ich glaube, es waren ihrer 10,
nebst 2 Deputirten vom Rath und einem Apotheker.
Sie versammelten sich in dem dazu gewiedmeten
Zimmer, ohne die Apotheke zu betreten, wo
auf der Tafel eine Menge Dispensatorien und
Taxen ausgebreitet lagen, und zweyerley Wein nebst
Käß und Brod befindlich waren; unterhielten sich
mit diesen Sachen, bis sie alle beysammen waren, und ein Deputirter sagte nun dem Apotheker, zu welchem Endzweck sie hier wären. Nun
wurde vom Stösser in einem Körbchen das Buch,
worinnen das visitirt werden sollende verzeichnet
stand, nebst etlichen silbernen Löffeln, kleinen Sten-
gel-Gläserchen, und einem Spatel gebracht. Hierauf folgte das erste Kästchen der zu besehenden Dinge von einem Gesellen begleitet. Dieses wurde an
das Ende der Tafel gesetzt, wo sich die zwey jüngsten
Aerzte, der fremde, und der Apotheker des Hau-
ses befanden. Dieser gab ein Stück nach dem andern dem einen Doktor der es aufmachte, besah,
manchmal auch beroch, aber nichts als die wohl-
schmeckenden Syrupe, und diese zwar reichlich
kostete, und zum andern Doktor sagte, adest:
der es alsdenn ins Buch notirte, während dessen
die andern Herren sich von Stadtneuigkeiten, oder
vom Wetter unterhielten, und auf neue Gesundhei-
ten sich besannen. Waren die Sachen aus der Apotheke besehen, so vertheilten sich die jüngern Aerzte,
ins Gewölbe, in die Kräuterkammer, den Keller, und
kamen im Laboratorio wieder zusammen. Im Gewölbe besah man die Aufschriften der Gläser und
Büchsen, und ließ sich auch wohl das Elixir Vitae
Mathioli, welches auf Liqueurart gemacht war,
wohl schmecken. In der Kräuterkammer blätterte
man

man in den Kräuterbüchern, im Keller trank man Zimmtwasser, Quitten- und Granatenwein und im Laboratorio guckte man das viele Geräthe an. Hierauf begab man sich wieder zur Versammlung, und referirte den ältern Herren, worauf von der Deputation, dem Apotheker ein gebührendes Lob gemacht, und er und seine Leute ihrer Pflicht erinnert wurden. Alsdenn zechte die Gesellschaft bis Abends, ließ sich ihre große Mühe reichlich bezahlen. Die Leute des Apothekers aber erhielten selbige Nacht ein Fest, womit der große trompeuse Actus beschlossen wurde.

Vor dem — dieß war 1782. — soll mit dieser Visitation noch eine besondere verbunden gewesen seyn, welche aber nur einen Apotheker angieng, und die Auflage bieß. Es betraf solche die Materialwaare allein, und der Apotheker, der solche hatte, war von der andern frey, hatte aber das ganze Corpus Visitatorum zu tractiren und jedem noch besonders 2 fl. zu bezahlen, so daß einem der Spaß wohl an 100 fl. zu stehen kam. Jetzt hört die Auflage auf, aber die 2 fl. dauern noch fort.

3) Hier waren jährlich zwey Visitationen: eine im Herbst und eine im Frühjahr, es wurden aber alle vier Apotheken in einem Tage visitirt. Einer der Apotheker hatte wechselnd die sogenannte große Visitation, das heißt, die Herren kamen, nach dem sie jedem Apotheker einen guten Morgen gesagt hatten, hier zusammen, schmauseten hoch, dachten wenig an des Apothekers Büchsen, und giengen Abends wankend nach Hause, worauf dann ihre Mägde kamen, die übrigen Brocken zu holen, wozu denn freylich frische gelegt werden mußten, so wie auch noch etwas zum anfeuchten.

Macht man nun Betrachtungen hierüber, so wird man sehr leicht einsehen können, wie zweck-
widrig

widrig dergleichen Bisitationen sind. Sollen nun
ja Visitationen existiren, und sie können auch
sehr nützlich seyn; so richte man sie so ein, daß
dem Apotheker die Kosten dabey entnommen werden. Man komme unangekündigt, wähle sich nur
eine Art Medikamente, untersuche sie genau, und
bestimme ihren Werth, und so fahre man fort zu
visitiren, dann wird man sehen, wie sehr unsere
Arzneybuden verbessert werden könnten.

Und nun, liebes Kind, fahre wohl. Richtest du
etwas gutes aus, so soll es mich freuen, denn
ich will nichts anders, als der Welt einen kleinen Dienst mit dir erweisen. Nur aus dieser Absicht lasse ich dich reisen. Erhältst du nun
auf deiner Reise auch manchmal einen guten
Wegweiser, so wirst du noch besser fahren, und
mir doppelte Freude machen.